Salzburg, im Dezember 2010

Für alle Freunde und Partner
der Schoellerbank
Mit lieben Berggrüßen

Herbert Raffalt

Dachstein | Tauern

Magie einer Landschaft

Dachstein-Tauern Verlag

... unsere Welt in Worte fassen zu wollen,
wird immer nur ein Versuch sein.
Bilder hingegen schicken unsere Gedanken
auf Reisen und wecken unsere Träume ...

Zum Geleit | VORWORT

Mit „Land der Berge …“ beginnt die österreichische Bundeshymne – und das nicht zu unrecht. Mit 54.000 km² Alpenfläche, das sind 65 % der gesamten Fläche Österreichs, hat unsere Nation den flächenmäßig größten Anteil an den Alpen, rund 40 % aller Österreicherinnen und Österreicher leben und arbeiten in dieser Region.
Auch im Ausland wird Österreich mit Bergen assoziiert: Nicht zuletzt tragen begeisterte Wintersportler und Bergwanderer oder -kletterer, die unsere Alpen besucht haben, mit ihren in Bildern gegossenen Erinnerungen dazu bei.

Was ist es aber, das diesen Reiz auf Jung und Alt ausübt?
Was bringt die Menschen dazu, sich stundenlang auf einen Gipfel zu quälen, nur um dann nach einer halben Stunde Rast wieder auf gefährlichen Pfaden ins Tal abzusteigen?
Ist es die sportliche Herausforderung? Das Sich-Erheben über den Rest der Welt? Das Entschleunigen des eigenen Alltags? Das Erleben der Natur, das gerade für Städter eine Art Reinigungsprozess darstellt?
Wahrscheinlich ist es für jeden von uns etwas anderes.
Die Begeisterung, die einen Bergwanderer und -kletterer, einen Schitourengeher nach der ersten Besteigung erfasst, lässt ihn nicht wieder los, und so wird aus einem, der einmal auszog, um einen Berg zu besteigen, einer, den die Sehnsucht nicht mehr loslässt.
Einer jener, den die Sehnsucht nie wieder losließ, einer jener „Berg-Infizierten“, ist mein Freund, der Bergführer und Fotograf Herbert Raffalt. Mit ihm habe ich schon den einen oder anderen Gipfel erklommen und bin genauso oft mit ihm nach einem anstrengenden Aufstieg auf Schiern über noch unberührte Hänge ins Tal abgefahren.

Mächtig und erhaben ruhen die Tauernberge in einem Wolkenmeer.

Er schafft es wie kein anderer, den ich kenne, mir und auch vielen anderen die Natur und die Berge näherzubringen. Nach einer Tour mit ihm ist die Welt wieder zurechtgerückt, haben Probleme wieder jenen Platz, der ihnen zusteht, spürt man Energien, die von der Mühsal des Alltags überlagert werden.
Herbert ist einer, der die Gefahren in den Bergen niemals unterschätzt und auch den Mut hat, bei widrigen Bedingungen wieder umzukehren, egal, wie sehr ein unberührter Hang oder ein naher Gipfel lockt. Für diese Konsequenz war ich ihm immer dankbar. Sie schafft das Vertrauen, das bei einer schwierigen Begehung unabdingbar ist.
Herbert ist auch ein Mensch, der das Verborgene, Unscheinbare und Althergebrachte in seiner Umgebung wahrnimmt und auf geniale Weise festhalten kann: die Sennerin, die ihren Käse aus dem Keller holt, der Hüttenwirt, der seine Vorräte überprüft, aber auch Wanderer, die sich an Bergquellen laben. Er regt seine Leser oder die Besucher seiner Diavorführungen so zu einer genussvollen Auseinandersetzung mit der alpinen Welt und ihren Bewohnern an. Die Steiermark, seine Heimat, mit ihren typischen Bräuchen hat es ihm dabei besonders angetan. Er lässt uns teilhaben an ihren jahrhundertealten Traditionen, zeigt uns Szenen aus dem Alltag und setzt sie vor die Kulissen der einzigartigen steirischen Bergwelt.
Leider ist es den meisten Menschen aus verschiedensten Gründen oft unmöglich, der Sehnsucht nach den Bergen regelmäßig aktiv nachzukommen. Wenn dies der Fall ist, dann bieten die wunderbaren Fotobände von Herbert zumindest die Möglichkeit, einen Moment von der Realität zu pausieren, um zu klettern oder einen Gipfel zu besteigen. In diesem Band stellt er uns die steirischen Berge seiner Heimat vor: Einige werden Sie kennen, wie etwa den Dachstein oder den mächtigen, sagenumwobenen Hochgolling. Andere, wie das Waldhorn, werden nur wenigen ein Begriff sein. Mir persönlich bieten diese Aufnahmen die Möglichkeit, mich gedanklich in die Stille der Berge zurückzuziehen und Kraft zu schöpfen. In diesem Sinne wünsche ich Ihnen eine ähnliche Inspiration und viel Freude in den Bergen und mit diesem Buch beim Lesen!

Werner Faymann

Begegnungen | DACHSTEIN – TAUERN

Die Dachstein-Tauern-Region im Oberen Ennstal zählt mit zu den schönsten und wohl auch zu den eindrucksvollsten Berglandschaften im Alpenraum. Zwei Gebirgsgruppen, die in ihrem geologischen Aufbau nicht unterschiedlicher sein könnten, stehen einander gegenüber und faszinieren durch ihre reizvollen Gegensätze. Das breite, weit ausladende Ennstal bildet die natürliche Trennlinie zwischen dem Kalkmassiv des Dachsteins und den kristallinen Urgesteinsgipfeln der Schladminger Tauern. Für Wanderer, Bergsteiger und Naturgenießer eröffnet sich ein schier unerschöpfliches Gebiet, um ihren sportlichen Leidenschaften zu frönen. Die steil aufragenden Felsmauern des Dachsteins locken mit ihren rauen und griffigen Felswänden vor allem Kletterer und Bergsteiger. Seit jeher haben sie die Fantasien der besten Alpinisten des Landes beflügelt. Die für Laien unsichtbaren Linien und Risse, die geradewegs in den Himmel führen, sind für geübte Felsartisten eine lockende Herausforderung. Bereits zu Beginn des vorigen Jahrhunderts gelang die spektakuläre Erstbegehung der markanten, fast tausend Meter hohen Südwand. Mit diesem aufsehenerregenden Auftakt hat der Dachstein auf sich aufmerksam gemacht und ist seit jenen Pioniertagen zu einem begehrten Ziel für Felskletterer aus aller Welt geworden. Auf zahlreichen Routen in allen Schwierigkeitsgraden geht es bergwärts. Unzählige imaginäre Linien, nur für den Profi erkennbar, durchziehen die oft abweisenden und sogar überhängenden Wände.

Klettern hat sich im Laufe der Zeit zu einem beliebten Breitensport entwickelt, vor allem Klettersteige sind in den letzten Jahren sehr populär geworden. Beinahe jedes Jahr können sich die Kletterer über eine neue „Via Ferrata“, einen Eisenweg, auf dem Dachstein

Feierlich, wie bei einer Prozession, trägt der Wirt der Seetalerhütte das Kreuz auf die Dachsteinwarte.

freuen. Übrigens wurde der erste Klettersteig in der Geschichte der Alpen hier auf dem Dachstein errichtet. Im Jahr 1843 ließ der so genannte Dachsteinprofessor Friedrich Simony den Anstieg vom Hallstattgletscher über die Randkluft mit Eisenstiften versichern, um den Gipfel einer breiten Öffentlichkeit zugänglich zu machen. Eine weise Entscheidung, das zeigt die teilweise sehr hohe Besucherfrequenz auf dem „König Dachstein". Ob der Dachsteinpionier aber geahnt hat, wie viele seinen Spuren folgen werden, um ebenfalls dem Zauber dieses Berges zu verfallen, ist fraglich.

Generationen von Bergbegeisterten haben sich dank dieser Stifte und Versicherungen auf den höchsten Punkt des Landes gewagt und die herrliche Aussicht genossen. Simony fasste seine Verehrung für den Dachstein anlässlich einer Übernachtung auf dem Gipfel in einem Satz zusammen: „Er schuf mir die schönste, erhabenste Stunde meines Lebens." Diese Aussage unterstreicht einmal mehr die Hingabe und Verbundenheit des Forschers zum Dachstein.

Weit öffnet sich der Blick vom Gipfel des Dachsteins über das Ennstal hin zu den Bergen der Niederen Tauern. Zahlreiche Täler, wie etwa das Preuneggtal oder das Unter- und das Obertal, führen tief hinein in eine bis in große Höhen bewaldete Gebirgslandschaft. Stattliche Bauernhöfe mit ihren sorgsam eingezäunten Weiden und Gärten vermitteln ein Bild des Friedens und der Harmonie.

Die Urgesteinsberge der Schladminger Tauern bilden einen reizvollen Kontrast zu den bleichen Felswänden des Dachsteins. Die dunklen, oft geheimnisvoll wirkenden Tauernberge werden aufgrund ihres Wasserreichtums und der üppigen Vegetation gerne als

 Es gehört schon eine Portion Mut dazu, die Seilbrücke auf dem Koppenkarstein zu überqueren.

Grasberge bezeichnet. Nicht selten reicht der Bewuchs bis in die Gipfelregion, und so kann es durchaus vorkommen, dass man die wohlverdiente Gipfelrast in Gesellschaft einiger Schafe genießt, die hier ihre Sommerfrische verbringen. Die sanft anmutende Landschaft lädt förmlich ein zu einfachen Spaziergängen und Ausflügen, aber auch zu ausgedehnten Wanderungen und Mehrtagestouren. Nicht umsonst gehört diese Region in der nördlichen Steiermark zu den begehrtesten Wanderdestinationen des Landes.

Nähert man sich den Schladminger Tauern vom Ennstal her, vermitteln die sanften Rücken und Vorberge der Tauern zunächst den Eindruck einer gemütlichen und eher unspektakulären Berglandschaft. Sobald man jedoch weiter vordringt, entdeckt man den wahren Charakter dieser eindrucksvollen Landschaft. Nach und nach rücken gewaltige Bergriesen und Gipfelpersönlichkeiten ins Blickfeld des Wanderers. Einige, wie etwa die Hochwildstelle, das Waldhorn oder auch der Hochgolling mit seiner wuchtigen Nordwand, sind bekannte und gern besuchte Ziele. Andere stehen weniger im Rampenlicht und sind vielleicht gerade deshalb die Favoriten vieler Tauernfreunde. Die Auswahl an attraktiven und reizvollen Touren ist beachtlich. Ein ganzes Menschenleben würde vermutlich nicht ausreichen, um alle Gipfel zu erklimmen und sämtliche Übergänge und Täler zu erkunden. Schon der Tauernpionier Hans Wödl, der maßgeblich an der touristischen Erschließung der Schladminger Tauern beteiligt war, zeigte sich begeistert von den „Stillen

Die beiden Giglachseen am Fuße der Steirischen Kalkspitze zählen zu meinen fotografischen Lieblingsmotiven.

Bergen". Mühelos findet man noch heute einsame, abgelegene Wege und Übergänge. Wer bereit ist, ausgetretene Pfade zu verlassen, wird schnell fündig. Und wer mit offenen Augen unterwegs ist, erlebt eine nahezu unberührte, wilde Landschaft und kann sich an grandiosen Panoramen erfreuen.

Eine der intensivsten Möglichkeiten, die Schladminger Tauern in ihrer ganzen Vielfalt kennenzulernen, ist eine Wanderung über den Tauernhöhenweg. Wie ein roter Faden durchzieht der traditionsreiche Weg den kristallinen Gebirgsstock und verbindet die vielen landschaftlichen Höhepunkte zu einem großartigen Gesamterlebnis. Der Weg führt von Hütte zu Hütte über aussichtsreiche Höhenwege vorbei an den für die Tauern so typisch tiefblauen Bergseen. „Nur wo du zu Fuß warst, bist du auch wirklich gewesen", stellte schon Johann Wolfgang von Goethe fest. Jeder Wanderer, der sich dem Tauernhöhenweg anvertraut, wird ihm beipflichten, denn durch das Gehen begibt man sich auf eine Reise zu sich selbst. Wandern ist die natürlichste Art der Fortbewegung und zugleich eine erfrischende Möglichkeit, seine Gedanken zu sammeln und durchzuatmen. Und dass Wandern zu den gesündesten Freizeitsportarten zählt, das lässt sich mittlerweile sogar wissenschaftlich belegen. Der Abschnitt durch den berühmten Klafferkessel wird gern als der ganz große Höhepunkt des Tauernhöhenwegs bezeichnet. Dieser Meinung kann ich aber nur bedingt zustimmen. Es trifft sicher zu, dass der Klafferkessel ein land-

 Beneidenswert, Theresa verbringt ihre Sommerferien auf der Tagalm im Sattental.

 Almgenuss mal zwei: In der kleinen Wasserpfütze spiegelt sich die Giglachseehütte samt Steirischer Kalkspitze.

schaftlicher Höhepunkt ist, aber eben nur einer von vielen. Zu einem meiner persönlichen Highlights gehören die so genannten Goldlacken, sie befinden sich auf dem Weg Richtung Hochwildstelle. Dieses Seengebiet kann es zwar von der Größe und der Ausdehnung nicht mit dem Klafferkessel aufnehmen, was die landschaftliche Schönheit betrifft, sind die Goldlacken aber mindestens ebenso reizvoll und darüber hinaus viel einsamer. Mit ihrem weitverzweigten Wegenetz sind die Tauern ein wahres Eldorado für Wanderungen und Mehrtagestouren. Die Wahl, ob man sich nun den Kalkbergen des Dachsteins oder den Tauernbergen zuwendet, muss jeder für sich treffen. So unterschiedlich sich die beiden Gebirgszüge in landschaftlicher Hinsicht präsentieren, haben sie doch eines gemeinsam: Sie lassen uns eintauchen in eine herrliche Naturkulisse und geben uns die Möglichkeit, dem Körper und der Seele neue Kraft zuzuführen.

Auch wenn das Wasser eiskalt ist: Durchzulaufen macht Spaß und weckt die Lebensgeister.

 Das kühn in den steilen Fels gebaute Friedenskirchlein hoch über dem Ennstal bietet einen herrlichen Ausblick bis hin zu den Bergen der Niederen Tauern.

Der Stoderzinken steht als Startplatz für Paragleiter und Drachenflieger hoch im Kurs.

 | *Der Aufstieg vom Dachsteingletscher zum Koppenkarstein bietet ein eindrucksvolles Bergpanorama mit einer 360-Grad-Rundumsicht.*

Gespenstisch zieht der Nebel hin zur Dachsteinsüdwand.

Zeitig in der Früh erstrahlen die Klafferseen im schönsten Licht. Im Oberen (kleines Bild) und auch im Unteren Klaffersee (großes Bild) spiegelt sich der Gipfel des Greifenbergs (2618 m).

Linien, Konturen und Horizonte | DACHSTEIN

Imposant erheben sich über dem Hochplateau der Steirischen Ramsau die ebenso sonnigen wie mächtigen Felsmauern des Dachsteins. Eine Felskulisse, die Bergwanderer und Kletterer gleichermaßen in ihren Bann zieht. Immer wieder erlebe ich, dass Menschen – wenn sie das erste Mal von der Ramsau kommend diese Wände erblicken – in ein wortloses Staunen verfallen. Die Augen und Gedanken brauchen wohl eine Weile, ehe sie sich mit der überragenden Dimension dieser Wand vertraut gemacht haben.

Der Hohe Dachstein, der Hauptgipfel des Dachsteinmassivs, gehört mit seinen knapp 3000 Metern zwar nicht zu den höchsten Erhebungen in den österreichischen Alpen, ganz sicher aber zu den schönsten. Das formvollendete markante Dreigestirn des Dachsteins ist weithin erkennbar und damit das ungekrönte Wahrzeichen der Region.

Bereits vor hundert Jahren, im September 1909, haben hier an der fast 1000 Meter hohen und nahezu senkrechten Dachsteinsüdwand die beiden Steiner-Brüder Georg („Irg") und Franz aus der Ramsau Klettergeschichte geschrieben. Sie waren die Ersten, die es gewagt haben, den Bann der unbezwingbaren Südwand zu brechen. Die Erstbegehung dieser Wand gehörte für die damalige Bergsteigerelite zu den ganz großen Prestigeprojekten in den Alpen. So mancher wollte sich mit den Lorbeeren, als Erster durch diese Wand gestiegen zu sein, schmücken, doch die Steiner-Brüder waren schneller, vielleicht auch etwas kühner und verwegener als die meisten anderen Bergsteiger. Mit der Steiner-Route, der so genannten „Himmelsleiter" der Steiner-Buam, schafften die beiden außergewöhnlichen Kletterer und Visionäre einen bis heute geschätzten Kletterklassiker. Zur Überwindung der so genannten „Schlüsselstelle", also der schwierigsten

Nur noch ein paar Kletterzüge, bevor das Ziel im letzten Abendlicht erreicht ist.

Passage der Wand, nahmen sie sich einen ca. 4 Meter langen Stock mit, um sich damit gegebenenfalls gegenseitig an die Wand drücken zu können. Diese wohl nur psychisch wertvolle Stütze brauchten die beiden Kletterer dann, wie zu erwarten, nicht. In etwas weniger als fünf Stunden kletterten die beiden durch die Wand bis zum Gipfel. Eine mehr als respektable Zeit, die selbst heute nur von gut eingespielten Teams erreicht oder unterboten wird.

Bald folgten weitere schwierige Anstiege in der Südwand. Bemerkenswert ist die Leistung von Leo Schlömmer und Peter Perner, die im September 1967 in der damals begehrten „Linie des fallenden Tropfens" – also in der „Direttissima" – durch die weit ausladende Südwand stiegen. Die größte Herausforderung stellte ein unglaubliches 50-Meter-Dach dar, das die beiden Extremkletterer neben vielen anderen schwierigen Passagen zu überwinden hatten.

Leo Schlömmer sagte einmal in einem Gespräch zu mir, dass eine derartige Exponiertheit zu dieser Zeit nirgendwo in den Alpen zu finden war. Einige Jahre später wiederholte Schlömmer seine Tour, nur diesmal stieg er solo, also ohne Partner, durch den Überhang.

Eine weitere schillernde Persönlichkeit, die auf dem Dachstein Klettergeschichte geschrieben hat, ist der Öblarner Berufsbergführer Klaus Hoi. Hunderte Erstbegehungen im gesamten Dachsteinmassiv gehen auf das Konto des Klettergenies. Viele Jahre lag die Ausbildung der österreichischen Bergführer in seiner Verantwortung. Auch ich bin 1990 unter seiner Führung Bergführer geworden, worauf ich sehr stolz bin. Das hohe Niveau der Ausbildung und die daraus resultierende fachliche Kompetenz der österreichischen Bergführer genießen weltweit einen erstklassigen Ruf. Diese öffentliche Anerkennung verdankt der Österreichische Bergführerverband vor allem der Arbeit von Klaus Hoi.

Die Südwandhütte ist nicht nur ein Wanderziel in traumhafter Lage, sondern auch ein idealer Ausgangspunkt für unzählige Routen auf dem Dachstein.

 | *In den Herbstmonaten wird der Dachsteingletscher zum Trainingsrevier der Langlaufweltelite. Wie die Zugvögel reisen die Sportler jedes Jahr zum Dachstein.*

Der Hauptgipfel des Dachsteins wurde bereits 1832 von Peter Gappmayer aus Filzmoos über den Westgrat bestiegen. Rund zehn Jahre später verbrachte Friedrich Simony zwei aufsehenerregende Nächte auf dem Gipfel des Dachsteins. Diese Leistung wurde zu einem medialen Großereignis, mehr als die Erstbesteigung zuvor. Zu dieser Zeit waren sich Mediziner und Wissenschaftler einig, dass der menschliche Körper bei einer Übernachtung im Hochgebirge Schaden nehmen würde. Simony erbrachte den Gegenbeweis und schwärmte geradezu von seinem außergewöhnlichen Erlebnis auf dem Gipfel. Mit den Veröffentlichungen seines Abenteuers trug der Akademiker ganz wesentlich dazu bei, den Dachstein in das Blickfeld der feinen Wiener Gesellschaft zu rücken. Das Gebirge wurde somit auch in der so genannten gehobenen Klasse salonfähig.

Im Schatten des stolzen Bergriesen befinden sich die östlichsten Gletscher Österreichs, damit auch die östlichsten Eisfelder des gesamten Alpenhauptkamms. In den Herbstmonaten tummeln sich unzählige Sportler der nordischen Disziplinen auf dem Gletscher. Jahr für Jahr reisen die besten Langläufer der Welt wie die Zugvögel zum Dachstein und nutzen den Gletscher als Trainingsrevier. Das Trainieren in großen Höhen ist für die Profisportler außerordentlich wichtig und zu einem Standardprogramm geworden. Beim

Das Dachsteinplateau – ein Paradies für Tourengeher und Schneeschuhwanderer.

Höhentraining vermehrt sich im Körper der Anteil der roten Blutkörperchen, wodurch eine Verbesserung des Sauerstofftransports erreicht wird. Dies hat eine bessere Leistung in tieferen Lagen zur Folge. Kein Weltklasseläufer kann es sich heute leisten, auf ein effizientes Höhentraining zu verzichten. Der Dachsteingletscher gilt aufgrund seines flachen Geländes als geradezu idealer Ort dafür.

Natürlich passiert beim Hobbysportler bzw. Urlauber genau dasselbe. Wenn jemand über mehrere Tage oder Wochen seinen Urlaub in den Bergen verbringt, vermehrt sich ebenfalls der Anteil der roten Blutkörperchen, und damit fühlt man sich nach der Rückkehr in tiefere Lagen über Wochen wohler und vitaler. Dieses Souvenir nimmt man meist unbewusst aus einem Bergurlaub mit nach Hause.

Nur wenige Meter neben den Loipen und Schipisten beginnt das alpine Gelände. Hier, auf der karstigen Hochfläche, herrscht Ruhe. Nahezu unberührt liegen weite Teile des Gletschergebiets da. Aufgrund fehlenden Wassers an der Oberfläche gleicht die Landschaft mitunter einer Stein- und Eiswüste: unwirklich und doch faszinierend. Auf einer

Im letzten Licht des Tages zieht ein Tourengeher seine einsame Spur in Richtung Dachsteinsüdwände.

Wanderung von der Bergstation über den Schladminger Gletscher und weiter über das Gebiet am Stein in Richtung Guttenberghaus bekommt man einen guten Einblick in die raue, fast lebensfeindliche Welt des Karstgesteins. Mag der erste Blick auf die karge Landschaft abschreckend wirken, so eröffnet sich dem Betrachter beim genaueren Hinsehen ein überaus facettenreiches Bild.

Über Jahrmillionen hat das Wasser die Oberflächen bearbeitet und geformt. Dabei sind skurrile, wie von Menschenhand geformte Rillen, Kare und Steinmäander entstanden.

Zwischen den von der Sonne gebleichten Steinen wachsen zarte Blumen. Die kleinen Farbtupfer sind wahre Überlebenskünstler inmitten einer dem Wind und Wetter ausgesetzten Umgebung.

Nicht zu unterschätzen ist eine Wanderung über den „Stoa" – so wird die Karstlandschaft im Volksmund genannt – bei Regen und schlechter Sicht. Sehr schnell kann man in dieser Umgebung die Orientierung verlieren. Das Gebiet ist so weitläufig, dass es sogar einheimischen Schafbauern oft erst nach Tagen gelingt, verlorene Herden wiederzufinden.

An den nördlichen Abbrüchen des Dachsteinhochplateaus liegt, eingeklemmt zwischen dem dunklen Wasser des Hallstätter Sees und den Felsen des Dachsteins, der geschichtsträchtige Ort Hallstatt. Hier wird seit fast 7000 Jahren Salz abgebaut. Das Salzbergwerk in Hallstatt, oberhalb der romantischen Häuser, gilt als das älteste der Welt. Nicht umsonst wurde die Region als UNESCO-Weltkulturerbe ausgezeichnet.

 | *Fast unwirklich tauchen die hell erleuchteten Südwände des Dachsteins aus dem Morgennebel hervor.*

Die östliche Begrenzung des Dachsteinmassivs ist der Grimming. Der mächtige Berg ragt steil und „grimmig“ hoch über dem Ennstal auf. Aufgrund seiner imposanten Erscheinung glaubte man lange Zeit, der Grimming sei der höchste Gipfel der Steiermark, was ihm fälschlicherweise den Beinamen Mons Styriae altissimus einbrachte. Von welcher Seite man sich dem Grimming auch zuwendet: Die Wege sind anspruchsvoll und über längere Strecken auch mit Seilen gesichert. Der Aufstieg erfordert Erfahrung und eine große Portion Ausdauer. Wer es dennoch wagt, wird mit einer herrlichen Aussicht belohnt.

 Die schön gelegene Walcheralm lädt zu einer Rast mit selbst gemachtem Ramsauer Bergkäse ein.

Der Senner und Schriftsteller Bodo Hell ist eine wirkliche Almpersönlichkeit. Seit mehr als drei Jahrzehnten verbringt er die Sommermonate auf der Grafenbergalm auf dem Dachsteinplateau.

Eingebettet zwischen Hallstättersee und den Felsen des Dachsteingebirges liegt der romantische Ort Hallstatt. Oberhalb der bergwärts strebenden alten Häuser befindet sich das älteste Salzbergwerk der Welt.

Sennerinnen, Senner und Wirtsleut kümmern sich mit ganzem Einsatz um den Lebensraum Alm und um das Wohl der vielen Almwanderer.

 | *Das Almengebiet am Fuße der berühmten Bischofsmütze bietet traumhafte Wandertouren, und dazu gibt es gemütliche Einkehrmöglichkeiten.*

Die Scheichenspitze mit ihrem markanten Gipfelkreuz gilt als der eigentliche Hausberg der Ramsau. Erreichbar ist der Gipfel entweder über das im Feistererkar gelegene Guttenberghaus, über das Landfriedtal oder auch über den Ramsauer Klettersteig. Dieser Steig ist einer der ältesten Eisenwege am Dachstein, er zählt aber immer noch zu den schönsten. Interessant und reizvoll ist auch der Jubiläumssteig am Eselstein. Dieser kurze und knackige Steig liegt unmittelbar oberhalb vom Guttenberghaus.

Bild links: Gratwanderung: Der Weg führt konsequent auf dem Kamm der Scheichenspitze entlang. Die geringe Schwierigkeitsstufe macht den Klettersteig zu einem beliebten Ziel für Kletterneulinge. Der Ausblick ist nach allen Seiten ein Genuss.

Klettersteige sind beliebt und liegen voll im Trend. Das Dachsteinmassiv bietet zahlreiche „Vie Ferrate“ in allen Schwierigkeitsgraden an.

 | *Mit einem farbenprächtigen Sonnenaufgang beginnt ein neuer Tag auf dem Gipfel des Dachsteins (2995 m).*

Das Balancieren auf einer „Slackline“ hat sich zu einem beliebten Sport entwickelt. Lukas beweist große Geschicklichkeit beim Überqueren des Spiegelsees auf der Reiteralm.

Tief im Inneren des Gebirges ist der Dachstein durchzogen von unzähligen Höhlensystemen. Nur wenige, wie etwa die Eis- oder Mammuthöhle im oberösterreichischen Teil des riesigen Karstmassivs, sind bekannt und zur Gänze erforscht und vermessen. Die meisten Höhlensysteme, so die Meinung der Experten, sind bis heute unentdeckt oder nur teilweise erkundet.

Bild rechts: Ein interessanter Fall für die Höhlenforscher ist das so genannte „Dachsteinloch“, direkt unterhalb der Dachsteinsüdwand. Nur ein winziger Spalt im Fels gewährt Einlass in den Berg und eröffnet damit ein gewaltiges Höhlenlabyrinth. Die heimischen Höhlenforscher sind viel und oft im „Loch“ unterwegs, manchmal gleich für mehrere Tage. Dennoch gibt die Höhle bis heute viele Rätsel auf und gibt ihre letzten Geheimnisse wohl noch lange nicht preis.
Wer sich hier auf die Spuren der Höhlenforscher begibt, unternimmt gewissermaßen eine Reise in die Finsternis. Nur das spärliche Licht der Karbidlampe vermittelt im bescheidenen Maß das Gefühl von Raum und Wärme.

Das traditionsbewusste Ausseerland bildet den geografischen Mittelpunkt Österreichs. Im herbstlichen Altausseer See spiegelt sich das Dachsteinmassiv mit dem Hallstattgletscher.

Dachstein - Tauern Bildtext

 Ein schöner Almsommer geht zu Ende.

Nach altem Brauch werden die Kühe im September, wenn die Almweiden ihre Kraft verloren haben, geschmückt und ins Tal geführt.

 | *Ein Wintereinbruch im September ist keine Seltenheit im Dachsteingebiet. Schnell zeigt sich der Berg für Wanderer von seiner grimmigen Seite.*

 | *Seit nunmehr 40 Jahren befördert die Südwandbahn ihre Gäste bei jeder Witterung in die Gletscherwelt des Dachsteins.*

An einem der letzten Märztage bin ich zeitig in der Früh mit dem Seetalerhüttenwirt auf den Gipfel des Dachsteins gestiegen. Der Ausblick vom völlig vereisten Gipfelkreuz war überwältigend.

60 | *Bei besten Bedingungen und prächtigem Wetter flog ich mit einem leistungsstarken Hubschrauber über den tief verschneiten Dachsteingipfel.*

Der so genannte Skywalk neben der Bergstation ist beinahe schon ein Wahrzeichen des Dachsteins geworden.

 | *Ein einladendes Licht dringt zur Blauen Stunde aus der Seetalerhütte auf der Dachsteinwarte.*

Wenn man den Verschluss der Kamera für etwa drei Stunden offen lässt, kann man die Bahn der Sterne aufnehmen. Genau genommen wird damit die Erdrotation sichtbar gemacht. |

Ein paar Bergsteiger trotzen den eisigen Temperaturen und sind in Richtung Dachsteingipfel unterwegs.

Bild links: Diesen herrlichen Ausblick hat man nur vom Rittisberg.

 | *Ein gewaltiger Eisanhang hat sich am Gipfelkreuz des Dachsteins gebildet.*

Wie aus dem Nichts schwebt die Südwandbahn aus dem Nebelmeer in Richtung Sonne.

 | *Die Türlwandhütte ist der ideale Ausgangspunkt für hochalpine Touren ins Dachsteinmassiv.*

 Die Einfahrt ins Edelgrießtal ist nur eine von vielen spektakulären Abfahrtspassagen vom Dachstein.

Der Dachstein ist nicht nur ein Paradies für bergsüchtige Gipfelstürmer, sondern auch für Tiefschneefreaks.

icke im Hochgebirge.

Der mächtige Hauptgipfel des Dachsteins.

Die evangelische Kirche bildet das geistige und geografische Zentrum in Ramsau.

Bild rechts: Tief verschneit gleicht die Ramsau einer Wintermärchenwelt.

Der Höchstein, ein Hauptgipfel in den Schladminger Tauern, wartet unter einer dicken Schneeschicht auf den Frühling.

Bild rechts: Malerisch wird die Brandalm von den verschneiten Dachsteingipfeln eingerahmt.

Hohe Wasser, stille Berge | NIEDERE TAUERN

Gegenüber den hellen Kalkmauern des Dachsteinmassivs erheben sich im Süden des Ennstals die kristallinen Urgesteinsberge der Niederen Tauern. Als Teil der Zentralalpen sind sie hauptsächlich aus Gneis und Glimmerschiefer aufgebaut. Die Landschaft besticht durch eine üppige Vielfalt und Vegetation und gilt als das seenreichste Gebirgsmassiv der Ostalpen. Über 300 glasklare Bergseen und an die 150 Wasserfälle prägen ein einzigartiges und unvergleichliches Landschaftsbild. Die Niederen Tauern zählen heute zu den höchsten eisfreien Gebirgsgruppen im Alpenraum. Das macht diese Region zu einem Paradies für Berggeher und Naturgenießer. Die Wanderwege sind gut gepflegt und mit etwas Kondition für jedermann zu bewältigen. Da es keine Vergletscherung mehr gibt, sind für die Begehung weder Steigeisen noch Seile oder Gurte vonnöten. Immer wieder stößt man entlang der Wege auf die Spuren einstiger Gletscherbewegungen. Auf blanken Felsen kann man deutliche Rillen und Vertiefungen erkennen. Die Spuren sind durch Geröll entstanden, das der Gletscher auf seiner Reise, der Schwerkraft folgend, mitgeführt hat. Die Gletscherschliffe zeugen noch heute von den ungeheuren Kräften, mit denen die Eismassen die Oberfläche des Gebirges bearbeitet und geformt haben. Gewaltige Geröllberge, so genannte Gletschermoränen, sind dabei entstanden. Die meisten Moränen liegen zwar unter einer üppigen Vegetation verborgen und sind dadurch unkenntlich oder unsichtbar geworden, dennoch können geschulte Augen eine Moräne ganz klar von einem „richtigen“ Berg unterscheiden. Die üppige Vegetation dieser Land-

Die Landschaft der Niederen Tauern ist mit einer üppigen Vielfalt gesegnet und gilt als das seenreichste Gebirgsmassiv der Ostalpen.

schaft erstreckt sich oft sogar bis in die Gipfelbereiche, was den Niederen Tauern den Begriff „Grasberge“ eingebracht hat. Nicht selten weiden ganze Schafherden auf einem Gipfelplateau. Die Tiere genießen wohl auch die herrliche Aussicht.
Trotz dieses idyllischen Bildes sollte man die „Grasberge“ nicht unterschätzen. Auch hier gibt es einige sehr hohe Gipfel und wuchtige Bergpersönlichkeiten. Allen voran der steil aufragende Hochgolling: Mit seinen 2863 Metern fehlt ihm nicht viel zum Dreitausender. Oder die vom Ennstal gut sichtbare Hochwildstelle, das einsame Waldhorn und viele mehr. Diese Bergriesen verlangen von den Bergsteigern eine erstklassige Kondition sowie Trittsicherheit und auch eine gewisse Schwindelfreiheit. Viele dieser Anstiege sind zwar an den ausgesetzten Stellen mit Stahlbügeln oder Drahtseilen versichert, trotzdem sollte man nur als versierter und geübter Berggeher zu diesen schwierigen Zielen aufbrechen. Die alten Hasen des Bergsports wissen um die besonderen Herausforderungen in den Niederen Tauern. Das mit Flechten überzogene Schiefergestein kann sehr glitschig sein, insbesondere nach einem Wettersturz. Ein Ausrutscher in den steilen Hängen kann fatale Folgen haben. Durch die Weitläufigkeit der Landschaft kann es dann leicht passieren, dass außer ein paar Schafen niemand unterwegs ist. Es ist also auch hier – im so genannten niederen Teil der Tauern – ratsam, den Wetterbericht einzuholen, bevor man sich auf eine größere Tour begibt.

 Nachdem man den Steig durch die „Höll“ passiert hat, gelangt man zum romantisch gelegenen Riesachsee.

Ich will den
herrn loben
allezeit

Wer nicht über die Almgrenze hinauskommt, braucht sich über allzu große Hürden oder Vereinsamung keine Sorgen machen. Es gibt unzählige Almen mit gemütlichen Einkehrmöglichkeiten. Zum Teil sind die Hütten uralt. Die meisten dieser Hütten sind bewirtschaftet und freuen sich auf den Besuch hungriger Wanderer. In den Tauern hat sich auf wunderbare Weise eine bis heute sehr lebendige Almkultur erhalten. Fast überall stößt man auf einzelne Hütten oder auch Hüttendörfer, die eine typische Almjause anbieten. Eine wirkliche Spezialität aus der Region ist der berühmte – aber auch berüchtigte – Steirerkas. Zwar sieht er nicht besonders appetitlich aus, und sein Geruch ist nicht gerade betörend, aber sowohl Einheimische als auch Gäste schwärmen vom einzigartigen Geschmack dieser Spezialität. Eingerollt in frischen, aus heißem Fett herausgebackenen Steirerkrapfen, ist der Steirerkas ein kulinarisches Erlebnis, das ebenso gewöhnungsbedürftig wie einzigartig ist. Viele Speisen und Gerichte gibt es traditionell nur auf der Alm, und sie werden auch nur während der wenigen Wochen des Almsommers zubereitet. Und ganz ehrlich: Diese Schmankerln schmecken auch nirgendwo so gut wie eben auf der Alm. Für viele Wanderer gehört die Einkehr in den romantischen, meist aus Lärchenholz und Stein gefertigten Almhütten zu den absoluten Höhepunkten eines erlebnisreichen Wandertages. Und Essen hält bekanntlich Leib und Seele zusammen.

Die Ursprungalm am Fuße der Steirischen Kalkspitze ist Ausgangspunkt für eine Wanderung zu den Giglachseen.

Ein besonderes und in jedem Fall ungewöhnliches Erlebnis erwartet die Wanderer bei einer Tour entlang der „Wilden Wasser“ im Untertal. Dieser erst vor wenigen Jahren neu eingerichtete Wasserschaupfad demonstriert auf eindrucksvolle Weise die enorme Kraft von wildem, ungezähmtem Wasser. Der Themenweg beginnt in der beschaulichen Bergstadt Schladming und führt entlang der romantischen Talbachklamm in Richtung Untertal. Schon nach wenigen Kilometern öffnet sich die schmale Schlucht und geht über in das breite, saftig grüne Untertal. Das Tal führt weit hinein ins Herz der Schladminger Tauern, der „Wilde-Wasser-Weg“ führt einmal links, dann wieder rechts des Ufers entlang bis zum Gasthof Riesachfall. Hier wird der Weg zusehends abenteuerlicher: Er führt vorbei an den höchsten Wasserfällen des Landes über eine schwindelerregende Hängebrücke und zahlreiche Stufen bis zur Gfölleralm. Die Geräuschkulisse in der so genannten „Höll“ ist enorm. Begeisterte Ausrufe der Besucher gehen hoffnungslos im Rauschen und Tosen der Wassermassen unter. Besonders im Frühling, zur Zeit der Schneeschmelze, ist das Naturschauspiel einzigartig und für Kinder eine herrliche Möglichkeit, das Wunder der Schöpfung hautnah zu erleben.

 Klares, sauberes Wasser: ein Schatz, den es zu bewahren gilt.

 Auf dem Weg zum Gumpeneck (2226 m) kommt man an der Wachlingeralm vorbei. Der Duft von frisch zubereiteten Bauernkrapfen verführt zu einer gemütlichen Einkehr.

Im Naturpark Kleinsölk erlebt der Besucher eine bis heute sehr lebendige Almkultur.

Der Tappenkarsee ist ein Landschaftsjuwel im benachbarten Salzburgerland.

 So sieht Sommerfrische am Schobersee aus.

Die wasserreiche Berglandschaft der Niederen Tauern lädt ein zum Entspannen und Genießen.

 Der beschauliche Bergbauort Schladming hat das ganze Jahr Saison: Im Sommer zieht die Region vor allem Wanderer und Bergbegeisterte an.

Im Winter ist Schladming als Schimetropole und Austragungsort zahlreicher Schirennen weit über die Grenzen Österreichs bekannt.

 Baumfee und hungriger Nager: Bei einer Almwanderung lassen sich viele neue Bekanntschaften schließen.

 Der Duisitzkarsee im Obertal ist nicht nur im Herbst ein reizvolles und vor allem leicht erreichbares Wanderziel für die ganze Familie.

Über den Almwiesen auf dem Hauser Kaibling erhebt sich wuchtig der Gipfel des Höchsteins (2543 m). Im Hintergrund ragt die Hochwildstelle (2747 m) empor.

 Der Klafferkessel mit seinen fast 30 glasklaren Bergseen zählt zu den landschaftlichen Höhepunkten in den Schladminger Tauern.

 Mit 2863 Metern ist der Hochgolling der höchste Gipfel in den Niederen Tauern. Genau über seinem Grat verläuft die Grenze zum Salzburgerland.

Die hochalpine Seenlandschaft des Klafferkessels liegt auf knapp 2500 Metern Seehöhe. Der Weg führt wie durch ein Labyrinth von einem glasklaren Bergsee zum nächsten.

 | *Zauberhafte Stimmung kurz vor Sonnenaufgang am Brettersee.*

Ein Fotoklassiker: der Spiegelsee auf der Reiteralm. Wer einen windstillen Moment erwischt, ist ein Glückspilz.

Salz

Steirerkas

Zutaten:

Milch, Salz und Pfeffer

Zubereitung:

Frische Kuhmilch wird entrahmt und die verbleibende Magermilch stehen gelassen, bis sie „dicksauer“ wird (Milchsäuregärung). Diese Sauermilch wird kurz erwärmt (aufgebäht), bis der Topfen aufsteigt und sich von der Molke trennt. Dann wird die Molke abgezogen und der Topfen nochmals aufgekocht. Die „Käsewiege“ wird mit Käseleinen, einem groben Tuch, ausgelegt, der heiße Topfen hineingeschüttet und mit kaltem Wasser abgeschreckt, bis er nur noch handwarm ist. Danach gut durchdrücken, mit Salz und Pfeffer verbröseln und in eine Form (kleine Kübel mit Löchern am Boden) pressen. Über Nacht gut beschweren und am nächsten Tag herausstürzen. Den Kasstock warm stellen, bis er Sprünge zeigt, danach in den Erdkeller stellen und täglich wenden – ca. vier bis sechs Wochen lang –, bis er schön reif ist und eine graubraune Farbe bekommt.

So wie es der Brauch ist, kommt der Steirerkas mit „roggenen“ Krapfen auf den Tisch. Ein kulinarischer Hochgenuss, der am besten mit einem Häferl frischer Milch schmeckt.

Bild links: Eine Besonderheit auf der Alm sind die selbst gemachten, mit Marmelade gefüllten Bauernkrapfen. Unser Sohn Leo ist zwar keine große Hilfe in der Küche, aber ein echter Könner, wenn es um das Verputzen von frisch gemachten Bauernkrapfen geht.

PENTAX

138 Meter freier Fall: Der Johanniswasserfall nahe der Gnadenalm ist ein beeindruckendes Naturschauspiel.

Bild links: Bei einer Wanderung rund um die Steirische Kalkspitze kommt man am herrlich gelegenen Oberhüttensee vorbei, ehe es über die Kranzlhöhe wieder zurück zur Ursprungalm geht.

 Die Ortschaften Haus und Oberhaus mit den Augen des Adlers gesehen. Im Hintergrund der Schiberg Hauser Kaibling.

Am Fuße der Planai liegt der „Weltmeisterort“ Schladming.

 Anfang November zieht der Winter ein. Ungeduldig warten die Schiläufer auf den ersten ausgiebigen Schneefall.

Ein Tag wie aus dem Bilderbuch: Frischer Pulverschnee, darüber ein tiefblauer Winterhimmel und strahlender Sonnenschein.

 | *Nach einer stürmischen Nacht leuchtet der Höchstein in strahlendem Weiß.*

Die Galsterbergalm präsentiert sich im Hochwinter als tief verschneite Wintermärchenwelt. Eine einfache Schitour für Tourengeher führt direkt vom Schigebiet über die Pleschnitzzinken-Hütte (1944 m) zum gleichnamigen Gipfel (2112 m).

 So romantisch kann der Winter sein: Die kleine Hochwurzenhütte lädt sowohl Schifahrer als auch Rodler ein zur gemütlichen Einkehr.

Ab und zu kann ich einfach nicht widerstehen und verbringe eine Winternacht unter freiem Himmel. Frostige Wintertemperaturen stellen mit einer guten Ausrüstung kein Problem dar. Die Sterne schimmern durch die dünne Wand meines kleinen Zelts. Der Schnee dämmt jedes Geräusch, und es liegt eine wunderbare Stille über der Landschaft. Unangenehm ist nur der Moment in der Früh, wenn es Zeit ist, den warmen Schlafsack zu verlassen.

 Das „Nightrace“ in Schladming lockt jedes Jahr an die 50.000 Zuschauer in das Zielstadion der Planai. Die Stimmung ist legendär, und der Hexenkessel in Schladming brodelt.

Audi
Audi
iglo
18
SCHLADMING

 | *Ramsau am Dachstein ist die führende Langlaufdestination Österreichs. Jedes Jahr werden Langlaufgroßveranstaltungen am Fuße des Dachsteins ausgetragen.*

1999 war Ramsau auch Schauplatz der Nordischen Weltmeisterschaft.

 | *Während der Gipfel des Rötelsteins schon die Wärme der Wintersonne genießt, liegt das Tal noch in dicke Wolken gehüllt.*

Blick vom Krahbergzinken (2134 m) über das Untertal zu den Gipfeln der Schladminger Tauern.

 Schivergnügen bei Kaiserwetter in der Region Schladming – Dachstein.

Die letzten Sonnenstrahlen zaubern ein zartes und wärmendes Licht auf die Dachsteinsüdwände. Sobald aber die Sonne verschwunden ist, legt sich wieder eine eisige Kälte über die Winterlandschaft.

Ein paar Gedanken zum Thema Fotografie | FASZINATION BERGFOTOGRAFIE

„Der Himmel war doch in Wirklichkeit viel blauer und die Wand schien wesentlich steiler. Die Farben sind jetzt blass und die Gesichter im Gegenlicht eigentlich viel zu dunkel." Dieses und Ähnliches bekomme ich bei meinen Fotokursen immer wieder zu hören. Wie gelingen gute Bilder? Was ist das große Geheimnis hinter den tollen Fotos der Hochglanzmagazine? Brauche ich, um schöne Fotos zu machen, wirklich eine Topausrüstung oder genügt auch eine ganz normale Kompaktkamera?

Um es gleich vorwegzunehmen: Gute Bilder sind nicht unbedingt das Produkt einer teuren Profiausrüstung, sondern vielmehr das verdiente Resultat eines feinsinnigen Beobachters mit einem Gefühl für das Licht und die richtige Stimmung. Schon eine minimale Veränderung des Standorts kann oft wahre Wunder bewirken. Dazu braucht es keine Hochleistungsobjektive, sondern vielmehr Zeit und Ausdauer. Die meisten Motive, so besagt eine Fotografenregel, werden erhockt. Ich will damit nicht sagen, dass man auf eine gute und teure Ausrüstung verzichten soll. Es kommt immer darauf an, was man mit den Bildern vorhat. Für Erinnerungsfotos genügt eine moderne Kompaktkamera mit eingebautem Zoomobjektiv völlig. Kompaktkameras – so sagt schon der Name – haben viele Vorteile. Sie sind unaufdringlich, einfach zu bedienen und finden Platz in jeder Tasche.

Wer allerdings kreativ sein möchte und Lust hat, gewohnte Sichtweisen zu durchbrechen, greift irgendwann sowieso zu einer Spiegelreflexkamera mit Wechselobjektiven.

 | *Der Dachsteingletscher nahe der Seetalerhütte ist ein atemberaubender Platz, um die Farben eines Sonnenaufgangs zu erleben.*

Hier sind die Möglichkeiten natürlich viel umfangreicher. Das Angebot reicht von extremen Weitwinkelobjektiven bis hin zu atemberaubenden Telezooms.
Für alle, die eine solche Kamera ihr Eigen nennen, steht die Tür in die faszinierende Welt der kreativen Fotografie weit offen. Damit ist ein Grundstein gelegt, auf den beliebig aufgebaut werden kann. Es ist sinnvoll, sich neben dem üblichen Standardzoom, das meist mit der Kamera angeboten wird, noch ein Telezoom sowie ein Weitwinkelobjektiv zu besorgen. Mit solch einer Ausstattung ist fast jede fotografische Situation in den Griff zu bekommen.
Vorsicht ist geboten bei allzu günstigen Produktpreisen. Ein hochwertiges Objektiv hat nun einmal seinen Preis. Umso höher die Lichtstärke ist, umso tiefer muss man in die Tasche greifen.
Die Frage ist aber: Brauche ich immer eine hohe Lichtstärke? Lichtstarke Objektive sind in der Regel auch unhandlich und schwer, aber nicht unbedingt besser was die Qualität betrifft. Dabei möchte ich ein kleines Beispiel anführen. Ich habe ein 70–200-mm-Telezoom mit einer Lichtstärke von 4,0 durchgehend. Der gleiche Hersteller bietet dieselbe Optik mit einer Lichtstärke von 2,8 an. Dieses Objektiv kostet mehr als doppelt so viel und wiegt natürlich um einiges mehr. Die Bildqualität ist bei beiden erstklassig.
Ich habe mich für das 4,0er entschieden, weil ich keine Lust habe, unnötige Kilos auf die Berge zu schleppen. Ausschlaggebend für mich ist die Qualität der Bilder, da möchte ich keine Abstriche machen.
Mangelnde Lichtstärke gleiche ich ohnehin durch die Verwendung eines Stativs aus, was bei der Verwendung eines Teleobjektivs sowieso ratsam ist, hohe Lichtstärke hin oder her.

Damit bin ich beim nächsten Punkt meiner Ausrüstung. Ich weiß, ein Stativ durch die Gegend zu tragen, ist nicht jedermanns Sache, und – um ehrlich zu sein – es ist auch nicht immer unbedingt notwendig. Für die meisten Aufnahmesituationen braucht man kein Stativ. Bei Aufnahmen während der Abenddämmerung erhöhe ich ganz einfach den ISO-Wert und verkürze somit meine Verschlusszeit auf einen Wert, der es mir erlaubt, auch weiter aus der Hand zu fotografieren. In der Hütte benutze ich ganz einfach den Blitz und erhalte dadurch ein zufriedenstellendes Ergebnis.
Doch halt! So einfach ist die Sache auch wieder nicht. Wer aus seinen Bildern mehr herausholen möchte, sollte vielleicht doch den Einsatz eines Stativs erwägen.
Durch die Erhöhung der ISO-Zahl verlieren die Bilder an Qualität. Die Aufnahmen beginnen ab einen Wert von 400 bis 800 zu rauschen, das heißt, sie büßen ihre Brillanz ein und werden körnig. Bei Langzeitaufnahmen von Wasserfällen komme ich um den Einsatz eines vernünftigen Statives auch nicht herum. Wer verwacklungsfreie Makroaufnahmen von Blumen oder Tautropfen machen möchte, muss seine Kamera ebenso fixieren, um wirklich das letzte Quäntchen an Schärfe herauszuholen.
Ich habe mir angewöhnt, die Kamera im Zweifelsfall immer auf das Stativ zu stecken, um erst gar nicht in die Versuchung zu kommen, einen Kompromiss einzugehen. Das gilt natürlich besonders für lange Brennweiten.
Über die Jahre habe ich mir einen sehr spartanischen Fotografierstil zugelegt. Ich nehme in der Regel nur ein Gehäuse mit einem hochwertigen Weitwinkelzoom mit, und auch ein Telezoom und ein Stativ packe ich in den Rucksack. Nicht vergessen darf man auf zusätzliche Batterien und Speicherkarten als Reserve sowie auf einen Polfilter – und das war's. Ich versuche, die Ausrüstung schon aus Gewichtsgründen zu minimieren. Dafür lasse ich mir beim Fotografieren Zeit. Ich überlege sorgfältig, bevor ich den Auslöser betätige. Oft lohnt es sich, abzuwarten und gegebenenfalls einen zweiten Blick zu riskieren. Die Zahl der brauchbaren Aufnahmen ist damit automatisch höher und das erspart viel Arbeit beim Aussortieren und Entsorgen zweitklassiger Bilder am PC. Die so eingesparte Zeit verbringe ich lieber draußen in den Bergen.
Eines der inspirierendsten Bücher, die ich in den letzten Jahren über digitale Fotografie gelesen habe, stammt von dem berühmten, leider schon verstorbenen Naturfotografen Fritz Pölking. Er weist schon auf den ersten Seiten seines Buches „Digitale Naturfotografie in der Praxis" darauf hin, man solle sich auf einige wesentliche Schritte der Fotografie konzentrieren. Er empfiehlt, nur soviel an Technik zu nutzen, wie für die Umsetzung der gewünschten Bilder notwendig ist.
Damit warnt der leidenschaftliche Fotograf davor, allzu viel Zeit vor dem PC zu verbringen und vor lauter Technik die eigentliche Fotografie aus den Augen zu verlieren. Er ermuntert seine Leser, in die Natur hinauszugehen, um zu fotografieren.
Damit bringt es Fritz Pölking auf den Punkt und spricht mir aus der Seele. Die zahllosen Möglichkeiten und technischen Raffinessen immer neuerer und noch besserer Fotoausrüstungen und Bildbearbeitungsprogramme sind zwar verlockend, sollten uns aber nicht davon abhalten, das zu tun, was Fotografieren in der Natur und in den Bergen bedeutet. Nämlich, sich mit dem Motiv auseinanderzusetzen, den geeigneten Moment

abzuwarten und zu versuchen, den Zauber des Augenblicks inmitten einer majestätischen Landschaft einzufangen.

Ein wichtiger Ausrüstungsgegenstand, auf den ich keinesfalls verzichten möchte, ist ein ordentliches Blitzgerät. Aber nicht so sehr, um damit dunkle Innenräume diverser Almhütten zu fotografieren, sondern als Aufhellblitz bei kritischen Gegenlichtaufnahmen. Insbesondere im Winter verwende ich ihn, wenn das Umgebungslicht sehr hell ist. Nicht immer kann man es sich aussuchen, in welche Richtung man fotografiert. Wenn der Hintergrund sehr hell ist oder die Sonne direkt über dem Motiv steht, ist ein Aufhellblitz Gold wert, ansonsten verschwinden Gesichter hoffnungslos im Schatten.

Bei Klettersteigen, wenn die zu fotografierende Person sich in einem dunklen Teil in der Nähe der Wand befindet, ist solch ein Motiv oft nur durch Zuhilfenahme eines Blitzes zu retten. Es ist vorteilhaft, wenn sich ein eingebauter Blitz, den man jederzeit ausfahren kann, auf der Kamera befindet. Leider verfügt nicht jede Kamera über diesen Luxus.

Wenn die Fotoausrüstung dann komplett ist, muss alles noch geschickt verpackt und verstaut werden. Naheliegend wäre da natürlich ein funktioneller Fotorucksack mit seinen unzähligen Fächern und Ablagen. Diese sind übersichtlich und sehr praktisch. Leider haben Fotorucksäcke neben vielen Vorteilen aber ein großes Manko, nämlich mangelnden Stauraum für die restliche Ausrüstung eines Bergsteigers. Neben der Kamera und den Objektiven müssen ja auch noch die Jausenbrote, das Klettergeschirr und jede Menge Wechselwäsche und Regenbekleidung in den Rucksack passen. All das schluckt aber nur ein normaler Bergsteigerrucksack. Die Kamera stecke ich in eine kleine Bereitschaftstasche, das zweite Objektiv kommt in die dafür vorgesehene Hülle, und alles wird zwischen trockenen Kleidungsstücken in einen Plastiksack eingewickelt. Das Stativ ist unempfindlich und kann getrost auch außen an den Rucksack geschnallt werden.

 „Nur wo du zu Fuß warst, bist du auch wirklich gewesen." Johann Wolfgang von Goethe. Wandergruppe am Unteren Klaffersee.

Und nun geht es ans Fotografieren. Wie gestalte ich meine Bilder bzw. wie schaffe ich es, meinen Aufnahmen die nötige Dynamik zu verleihen? Der Bildaufbau gehört für mich zweifellos zu den interessantesten Bereichen in der Bergfotografie.
Hier habe ich als Fotograf den größtmöglichen Freiraum, meinen persönlichen Stil zu kreieren und meine Betrachtungsweise einzubringen. Selbst banale Aufnahmesituationen können mit etwas Fantasie und Fingerspitzengefühl zu einer tollen Herausforderung werden. Motive, die bereits hundertfach fotografiert worden sind und auf zahlreichen Tourismusprospekten glänzen, können durch einen veränderten Blickwinkel neu inszeniert werden.
Der Aufwand, aus einem herkömmlichen Motiv ein aufregendes, vielleicht sogar spektakuläres Bild zu zaubern, ist meist geringer als man denkt. Wie gesagt: Oft genügt es schon, den Standort ein wenig zu verändern, ein paar Schritte nach rechts oder links auszuweichen oder gegebenenfalls einen Vordergrund mit einzubauen, und schon ist die Situation eine völlig andere. Damit unterscheidet sich das Bild wohltuend von den üblichen und gewohnten Aufnahmen und wird damit wieder interessant.
Ich habe mir angewöhnt, ein mögliches Motiv zuerst immer genau von allen Seiten zu betrachten und auf mich wirken zu lassen. Einerseits muss das Bild alles Wesentliche zeigen, andererseits besteht die Kunst des Fotografierens auch darin, Unnötiges wegzulassen.
Es gibt eine Fotografenregel, die besagt: „Ist dein Bild nicht gut, warst nicht nah genug dran."
In diesem Sinne wünsche ich allen Fotobegeisterten eine herrliche Zeit in den Bergen meiner Heimat, viele außergewöhnliche Begegnungen und jede Menge tolle Bilder.

Ihr Herbert Raffalt

Stille Momente des Genießens. Blick von der Steirischen Kalkspitze (2459 m) über die Giglachseen.

Bei heiklen Flugaufnahmen bin ich dankbar, wenn ich in eine leistungsstarke Maschine einsteigen kann, die von einem erfahrenen Piloten gesteuert wird.

Bild rechts: Majestätisch ragen die fast 1000 Meter hohen und nahezu senkrechten Felsmauern des Dachsteins über den grünen Almwiesen der Steirischen Ramsau empor.

Lektorat: Anneliese Kainer, Graz
Covergestaltung und Innenlayout: malanda-Buchdesign, Andrea Malek, Graz
Repro: Look Piculjan, Graz
Druck und Bindung: Druckerei Rettenbacher, Schladming

ISBN 978-3-200-01688-0